AI BREUDDWYDION BARDD YDYNT?

John Gruffydd Jones

ⓗ John Gruffydd Jones 2013 ©
Gwasg y Bwthyn

ISBN: 978-1-907424-42-7

Cedwir pob hawl. Ni chaniateir atgynhyrchu unrhyw ran o'r cyhoeddiad hwn na'i gadw mewn cyfundrefn adferadwy na'i drosglwyddo mewn unrhyw ddull na thrwy unrhyw gyfrwng electronig, electrostatig, tâp magnetig, mecanyddol, ffotogopïo, recordio, nac fel arall, heb ganiatâd ymlaen llaw gan y cyhoeddwyr.

Mae'r cyhoeddwyr yn cydnabod cefnogaeth ariannol
Cyngor Llyfrau Cymru.

Cyhoeddwyd ac argraffwyd yng Nghymru
gan Wasg y Bwthyn, Caernarfon.

DIOLCHIADAU

- I Gyngor Llyfrau Cymru am nawdd.
- I Talwrn y Beirdd a'r Eisteddfod Genedlaethol am gael cynnwys ambell i gerdd.
- I fy ffrindiau i gyd yng Ngwasg y Bwthyn am yr holl gefnogaeth a'r cyfeillgarwch.

I Marged, Sara a Lois

CYNNWYS

Rhagair	7
Sgwrs	9
Carol y Gwrthod	10
Y Ddrama	11
Heol	12
Porth Iago	13
Ffynnon	14
Dyddiadur	15
Mewn Hen Sinema ym Manceinion	16
Y Dröedigaeth	17
Rhyddid	18
Serch	20
Emyn Priodas	21
Inc	22
Fflam	23
Adlais	29
Drych	30
Emyn y Gwyddonydd	31
Cusan	32
Pont	33
Breuddwydion	34
Arras	34
Terry Waite	35
Hen Waith Aur Ym Meirion	37
Marilyn Monroe	38
Y Bont yn Argenteuil	39
Ronan Point	40
Mynwent Filwrol Arromanches	42

Tywydd	44
Gwrthod	46
Cofio	47
Y Fam Teresa	48
Carol y Fflam	49
Heol	50
Cwpan	51
Chwilota	52
Ceirios	53
Gwythiennau	54
Llwybrau Llŷn	54
Balaclava Road	54
Y Llwybr i Gapel Newydd	55
Y Llwybr at y Chwarel	56
Y Llwybr at y Ffatri	57
Y Llwybr i China	57
Y Llwybr at Ffynnon Sarff	58
Y Llwybr i'r 'Steddfod	59
Y Ffordd i'r Dref	60
Y Ffordd o'r Dref am Adref	61
Erbyn Hyn	62
Tanchwa	63
Y Parc Bach	64
Tân	65
Amser	66
Gwiwer Goch	67
Cysgod	68
Gofal	69
Y Wawr	70
Broc	71
Cri	72
Yr Hen Gapel	74
Penllanw	75
Gweddill	76
Cymod	77
Ewyn	78
Dwylo	79
Ruban	80

RHAGAIR

Go brin fod yna lawer ohonom all ddweud iddo gael y fraint o lunio rhagair ar gyfer cyfrol gan un o'i arwyr pennaf. Dyna sydd i gyfrif pam fod yr un gorchwyl bach yma yn anrhydedd mor fawr i mi. Yn fy oriel bersonol o anfarwolion, mae John Gruffudd Jones, neu Yncl John fel yr ydw i wedi'i adnabod erioed, yn sefyll ysgwydd wrth ysgwydd â T.H. Parry-Williams, Roy Fredericks ac Alex Lifeson. (Barddoniaeth, criced a cherddoriaeth roc – dyna i chi drindod ryfeddol!)

Hyd yn oed cyn i mi wybod unrhyw beth am y gwahaniaeth rhwng Parry-Williams a Williams Parry neu'r gwahaniaeth rhwng cynganeddion llusg a'r sain, roedd Yncl John yn dipyn o arwr i mi. Wedi'r cyfan, roedd o'n ddyfarnwr pêl-droed ym mhrif gynghreiriau Lloegr, ac yn aml iawn yn rhedeg y llinell yn yr hen *Division 1* ar brynhawn Sadwrn cyn cymryd ei le yn y sedd fawr ar fore Sul. Yng nghwmni Yncl John y cefais fy mhrofiad cyntaf o bêl-droed proffesiynol – gêm hanesyddol rhwng Cymru a Manchester United ar Farrar Road o bob man. Dim ond yn ddiweddar iawn y deallais mai gêm i gofnodi'r arwisgo oedd hon, ond i fachgen pum mlwydd oed, gwyddai Yncl John mai trech oedd apêl Best, Charlton a Law nag unrhyw egwyddor!

Pan ddaliais i glwy'r gynghanedd rai blynyddoedd yn ddiweddarach a chymryd fy lle yn nhîm ymryson Abergele, daeth yr arwr yn uwch arwr – yn *super hero* llencyndod. Ar lawr y Talwrn ac yng ngornestau Cynghrair Hiraethog, mewn tîm o jermyn, Yncl John oedd ein Gareth

Bale. Roedd yr enillydd cyson mewn eisteddfodau taleithiol a chenedlaethol yn gallu troi ei law at bopeth – o'r gân ysgafn i'r soned – ac yn gallu setlo tynged gornest gydag un fflach o weledigaeth. Roedd cyfoeth geirfa Pen Llŷn, grym ei ddelweddu a'r reddf i hoelio sylw ar y manylyn arwyddocaol yn ei osod gam ar y blaen bob amser. Dyma i chi un reffarî a oedd yn gallu gweld popeth o bwys! Mawr oedd gorfoledd Bro Gele a'r glannau pan gipiodd goron Eisteddfod Genedlaethol Bro Madog yn 1987, a hynny gyda cherddi sy'n parhau yn eu grym dros chwarter canrif yn ddiweddarach. Mae agoriad ei gerdd am ei ymweliad â Mynwent Filwrol Arromanches yn crynhoi'r nodweddion hynny sy'n peri ei fod cystal bardd.

> Troesom
> O ddiddosrwydd pŵl y bws,
> I'r dalar werdd,
> Lle bu'r Anifail ddoe,
> Yn tynnu cwysi'r beddau dan y coed.

Waeth i mi gyfaddef, fe ddaeth hiraeth yn donnau drosof pan dderbyniais i deipysgrif y gyfrol gyfoethog hon. Rhwng dau glawr, cyfannwyd oes o drin geiriau yn gynnil ofalus. Er bod y bardd yn ymdrin â themâu oesol eu natur, mae'r cerddi wedi'u gwreiddio'n ddwfn mewn lle ac amser. Os mai hiraeth yw cywair llywodraethol y casgliad, nid rhyw hiraeth meddal a phruddglwyfus mohono ond hiraeth wedi'i angori mewn dynoliaeth. Mae 'na galon fawr yn curo o dan wyneb y cerddi hyn.

Rhyw bethau anghyffwrdd ydy arwyr fel rheol. Nid felly fy arwr i. Darllenwch y cerddi, teimlwch eu rhin ac fe deimlwch hefyd beth o rin arbennig personoliaeth y bardd. Mae'r cerddi, fel y llwybrau hynny yn Llŷn y canodd ef mor delynegol amdanynt, "fel mân wythiennau'n clymu'r bywyd crwn / Wrth guriad calon y cynefin hwn".

Llion Jones

Sgwrs

Bysedd main
Yn ddawns ddirythm
Hyd ymylon y gwrthban gwyn,
A grawnwin rhyw wanwyn pell
Fel cymun
Ar fwrdd ei wely.
Gwefusau'n las gan ymdrech byw
A llinellau syth, fel ei gwysi gynt,
Ar dalar lydan ei dalcen.
Dim ond yn y llygaid llwyd
Roedd y geiriau,
A'i arabedd yn fud, ac yntau'n fach.
Y fo
A fi,
Fu'n rhannu hen eiriau, hen funudau,
A hen orchest,
Heno'n gwahanu,
Ac yn rhannu sgwrs
Nad oedd iddi air.

Carol y Gwrthod

Mae'r haul wedi machlud ers meityn,
Mae'r awel yn finllym ac oer,
Does dim croeso yn unman heno
A chwmwl sy'n cuddio y lloer.
Mae blinder pob mam yn fy llethu
A deigryn yr ofn ar fy ngrudd:
Ai hon yw awr fy hapusrwydd
A minnau yn eneth mor brudd?

A fynnwch chwithau ein gwrthod,
Gwrthod ein crefu taer?
Ai gofid eich holl flynyddoedd
Fydd gwrthod Mab y Saer?

Mae'n rhaid i mi heno gael llety,
Ie, heno cyn toriad y wawr,
Cyn dod dwyfol anthemau deufyd
I groesawu fy oriau mawr.
Mae 'na bryder sanctaidd ar gerdded
Ac angerdd y creu yn fy nghri:
Ai celwydd oedd geiriau angel?
Ai breuddwyd oedd fy mreuddwyd i?

Ai yma mae 'stafell y Geni,
Fan yma ar wely o wair?
Ni welais i hyn yn fy mreuddwyd,
A 'ddwedodd yr angel 'run gair.
Ai yma ym mhreseb anifail
Y genir fy mhlentyn bach i?
Ai yma mae dathlu'r 'Dolig?
Ai hyn yw'r Nadolig i chwi?

Y Ddrama

'Run hen stori eto 'leni,
Carolau, celyn a babi,
Ond eleni
Fi ydi Mair.
Fi, yn bymtheg oed ac yn dlws i gyd,
Yma yn y canol wrth yr un hen grud,
A chwithau yn dotio at y doethion a sêr
A bugail yn plygu ger y gannwyll wêr.

Ond yfory rhaid fydd dweud fy stori i,
Pan oedd sglein y sêr yn dy lygaid di,
Yn annoeth frau
Yng nghariad dau,
Fi, yn bymtheg oed, fydd yn fam iddo fo,
A'r stori yn ddrama ar dafod y fro,
A chwithau yn ddoethion ac engyl i gyd
Yn troi y ffordd arall, a gadael y crud.
Ond heno,
Fi ydi Mair.

Heol

Prin bod Paradise Street
Yn gweddu fel enw
I'r rhes o dai unffurf
A linynnai
O gylch gwaelodion y Cwm.
Codai eu mwg fel gweddi
I ddistiau metel y gwaith dur,
A hidlo'n araf
I lwydni'r dydd.

Ond
Roedd sglein ar garreg
Pob drws di-glo,
A thincian yr esgidiau hoelion
Yn croesawu'r bore.

Heno
Mae enw 'Rhes y Cwm'
Mewn Cymraeg sglein ar y mur,
Y gwaith yn sgerbwd mud,
Pob drws ar glo,
A minnau'n adnabod neb.

Porth Iago

Paid loetran ym Mhorth Iago nos o Fai
Pan fydd y tonnau'n llepian ar y traeth,
Am nad oes yno aelwyd – dim ond tai.

Rhag ofn i tithau deimlo yn dy glai
Yr un hen hiraeth am yr hyn a aeth,
Paid loetran ym Mhorth Iago nos o Fai.

Mi deimlaf yn fy nghalon beth o'r bai,
A hwnnw'n iasoer fel yr ewyn llaeth,
Am nad oes yno aelwyd – dim ond tai.

Diflannodd rhythm yr hen eiriau crai,
Huodledd balch a thinc Cymreictod ffraeth.
Paid loetran ym Mhorth Iago nos o Fai.

Am nad wyf innau ond un rhan o'r rhai
A dorrodd glymau ei blentyndod caeth,
Am nad oedd yna aelwyd – dim ond tai.

Mi wn fod yn fy hiraeth fwy neu lai,
Hen gri y perthyn, ac o ble y daeth.
Paid loetran ym Mhorth Iago nos o Fai,
Am nad oes yno aelwyd – dim ond tai.

Ffynnon

Arafwch henaint heno sy'n fy nghnawd
Fel *rallentando* lleddf ar derfyn dawns,
Mae lleisiau'r dychryn yn fy neunydd tlawd
A'm dyddiau fel ceiniogau'r byrddau siawns.
Nid oes o 'nghwmpas yma, dyn a ŵyr,
Ond gweddill gwargrwm yn eu byd di-sionc,
Eu holl freuddwydion wedi pylu'n llwyr
A'r lle yn llawn acenion Saeson rhonc.
Ond eto weithiau trwy'r holl oriau maith,
Daw gofer iasoer o ddyfnderoedd ddoe
Yn fwrlwm o hen gyffro dechrau'r daith.
A chaf am foment ailgwpanu'r sioe.
Cyn troi fy wyneb eto at y mur
A'r holl ddefnynnau'n ddim ond merddwr sur.

Dyddiadur

Maen nhw yno
Yn ddyddiau llawn o haul
A dagrau.
Geiriau sy'n deffro'r lluniau
Yng nghilfachau'r cof.
Blas a ias un gusan
Pan oedd Awst yn oes
A llifbridd Afon Soch
Yn goch gan haul.
Cyn dyfod
Dawns y traed ar aelwyd lon.

Maen nhw yno,
Pob un
Ond y Sadwrn crintach hwnnw,
Am nad oes angen gair i gofio
Rhoi un
Na welodd haf
I bridd hen aeaf hir.

Mewn Hen Sinema ym Manceinion

Mae'r neon beiddgar
Yn trywanu'r nos,
A'r drysau'n groeso i gyd,
Cyn i'r llenni melfed agor
Ym mharlwr y breuddwydion.
Tawelwch
Fel oedfa,
Cyn i'r llafn gwyn rwygo'r tywyllwch
A thaflu ei gamp a'i remp
Ar gynfas y bywydau llwyd
Sy'n llusgo o lefelau'r tyrau
Ym Monton Street a Greenhill Road.

Ond yn y bore bach
Mae gwraig grwm
Ganol oed
Yn glanhau'r carpedi di-raen,
A'r breuddwydion yn deilchion
Ar y grisiau concrid.
Ac erbyn heno
Mae'r ffilm yn hen hefyd.

Y Dröedigaeth

(O gofio'r camdrin fu ar blant yn Iwerddon)

Welais i 'run Samariad ar y ffordd
Na chlywed llais yn galw arna'i chwaith,
Ac ni ddaeth neb i wrando ar fy nghwyn,
Doedd neb am goelio bachgen bach yn saith.
Yn eich parchusrwydd cul o Sul i Sul
Roedd cerdded heibio'n ddigon hawdd i chwi,
Wrth alw hwn yn Dad eich crefydd fawr,
Ac yntau'n difa 'niniweidrwydd i.
Maddeuodd bechod am geiniogau'r tlawd
A chuddio'i warth ei hun dan glogyn cain,
Bu'n llafarganu ei weddïau rhad,
A chrechwen ei ymyrraeth yn eu sain.
Rwy'n cefnu heddiw ar gelwyddau'i gred,
Ei Phariseaeth ffals a'i gelwydd drud,
Am iddo sarnu fy mhlentyndod brau,
A lladd eiddilwch rhwng cyfnasau'r crud.
Efallai, gwelaf mewn paganiaeth drist,
Y dagrau'n rhedeg ar hyd wyneb Crist.

Rhyddid

Hiraeth
Yw rhyddid
Pan fo drws y gell yn cau
A sŵn y traed yn gadael
Yn araf, araf.
Blasu yn y cof
Y dŵr o'r ffynnon fach,
Y bwrlwm oer
Yn llepian rhwng y brwyn,
Cyn treiddio'n ddwfn
I'r llifbridd dan y gro.

Celwydd
Yw rhyddid
Pan fo iaith yn ddim ond gair
Ar ddiwedd sgwrs,
A gwawd eu crechwen hwythau'n
Waeth na'r ias
Sy'n rhedeg hyd fy meingefn crwm
Ar ddiwedd dydd,
A'm brwydr innau'n ddim
Ond crych ar wyneb llwyd
Y trai.

Breuddwyd
Yw rhyddid
Pan welaf di ar draws y bwrdd,
Y dwylo'n cydio
Am un foment frau,
A blas y gusan
Eto'n fêl ar ruddiau cul.

Ac yna
Ar furiau oer y gell
Daw darlun eto'n sglein
O ddau yn cadw'r oed
Rhwng Coed y Glyn
A'r ffynnon fach,
Ac yno'n addunedu
Na all dim garcharu serch.

Rhyddid
Yw cariad
Pan ddaw'r yfory pell
Yn nes
O'th weled di.

Serch

Pe cawn i heddiw'r dyddiau gwyrdd yn ôl
A phrofi eto'r swildod wyddwn gynt,
Odid na fyddwn eto 'run mor ffôl
Â gadael i ti fyned ar dy hynt.
Mi syllwn eto i dy lygaid di
Gan deimlo eilwaith wefr a ias y nwyd,
Yr un gyfaredd yn fy enaid i
A'r un hen gochni ar fy ngruddiau llwyd.
Ond erys ynof eto y dyheu
A phery'r briw i waedu dan y graith,
Am i ryw Dduwdod rhywle yn fy nghreu
Fynnu na fyddai cariad ar y daith.
Ac na chawn i ond syllu ar y gwin
Heb flasu y melyster ar dy fin.

Emyn Priodas

Bendithia heddiw'r briodas hon
Sy'n uno mab a merch,
A phurdeb coeth y fodrwy aur
Yn ddarlun gwir o'u serch.

Tywynned cariad ar y ddau
Fel haul ar fore gwyn,
A thrwy dymhorau'u hoes i gyd
Bendithia'r ddeuddyn hyn.

Bendithia'u haelwyd 'hyd eu hoes,
Boed fythol arni hi
Hen draddodiadau'r Gymru hon
A gwres dy groeso Di.

Yn heulwen braf blynyddoedd gwyrdd,
Mewn ambell storm a'i chri,
O! dalied gwreiddiau'r winllan hon
Y ddau yn d'ymyl Di.

Inc
(I gofio'r Parchedig Isaac Jones, Abergele)

'Stydi Eic' sydd wedi ei hoelio
I bren gwyn y drws,
Ac ar y bore hwnnw
Pan oedd Mawrth yn cilio'n araf,
Roedd llafnau beiddgar
Ei haul gwyn
Yn strempiau
Ar flerwch gwâr dy ddesg,
Ac inc dy bregeth olaf
Yn sychu ar y ddalen wen.

Ond nid mewn inc
Yr ysgrifennwyd dy bregethau gorau di;
Roedd y rheini
Yn gymwynasau
Ac yn dawelwch cynnes
Pan na allai geiriau ddwedyd dim.
'Ac Isaac a gloddiodd ffynnon,'
A bydd dŵr y ffynnon honno
Yn fwrlwm
Pan fydd inc pregethau
Wedi pylu'n ddim.

Fflam

(I gofio Gruffudd Parry, Athro Saesneg a Chelf,
Ysgol Botwnnog, Llŷn)

Ar y pedwerydd dydd o Ionawr llwm
y diffoddwyd y fflam,
pan oedd rhimyn o niwl oer
yn rowlio'n araf, araf
i hafn Porth Neigwl,
ac awel finllym
yn gremial yn y coed duon
o gylch y tŷ.
Hen ddiwrnod cyffredin o lwyd…

Dod
o gysgod y Cilgwyn,
lle'r oedd y creigiau'n wydn, las,
i wyrddni meddal
y sofl yn Sarn
yng nghanol Llŷn.
Llŷn,
a'i ffriddoedd bach hirgul
yn ymestyn
fel bysedd dan sgert
at odre'r Garn,
a hen goed
yn plygu fel saint
i litanïau'r gwynt o Anelog.
Dod
ac aros.

Aros
Heb grwydro fawr pellach
na mwg simneiau'r fro.
Aros
am i ti ganfod yno
gariad.
Cariad at ferch lygatlas
a'i gwrid fel gwrid Mai ar y Cilgwyn,
a'i chwerthiniad yn ias.
Aros
am fod yno hen linynnau
yn cydio
wrth ddyddiau gwyrdd plentyndod,
pan oedd yr hafau'n hir,
a Phorth Meudwy'n sglein i gyd.

Ac yno
rhwng parwydydd llwyd
'Hen Ysgol Hogia Llŷn'
fe glywsom ninnau dy lais.
Ni,
oedd yn fwy cyfarwydd
â sŵn y gwynt o'r Foel Gron
yn cwyno'n hir
o dan y drysau trwm,
a'r cerrig crwn ym Mhorthdinllaen
yn powlio dan y llanw,
a glywsom dinc llinellau
a rhythmau geiriau.
Geiriau
oedd a'u gwreiddiau
ymhell
o frath y cwlltwr bach
ar glytiau glas y tir,
a llepian tonnau ym Mhorth Iago
a Phorth Cadlan.

Geiriau
na wyddem ni fod ynddynt gân,
ac enwau
nad oeddynt enwau
ond ar dudalennau ambell gyfrol sych.
Ac eto,
yn dy oslef deuluol di
fe welsom
ac fe glywsom
sawr y blodau melyn ar y bryn,
a gwybod
mewn galargan lwyd,
nad oes ar lwybrau llwyddiant
ond y breuder
a bliciai'r dail o Goed y Nant
ar aeaf blwng.

Ti
a roddodd dinc i nodau'r eos,
wrth iddi dywallt canig hanner llon
a hanner lleddf
i erwau'r nos.
Rhoi cip
o liwiau'r hydrefau
wrth iddynt baentio'u ffordd
yn ganlliw ar draws y deri mawr
yng Nghoed y Plas.

Troi ysgol yn aelwyd,
ac yno
gylch gwres dy ddiddordebau di
a'th heintus wên,
fe syrthiodd gwreichion mân
ar lawr ein bod,
a throi ein hofn
a'n byw dihyder ni
yn eirias wyn.

Ti
a ddysgodd inni weld
o fewn y rhemp o liw
yng ngwaith Van Gogh,
fod mwy i fachlud na'r holl sbectrwm coch,
pan dynnai'r dydd
yr holl freuddwydion brau
i gafn y Swnt
rhwng y pileri haul.
Nid paent oedd paent,
ond holl deimladau enaid caeth
yn tywallt ar gyfnasau gwyn y dydd
yn waedd o gelf.
Troi enwau
Monet,
Mánet
a rhyw Santi balch,
yn eiriau mor gyfarwydd
â Beuno,
Cybi,
Tudwal,
a'r holl seintiau llwyd
a gerddai ar draws ein Suliau ni
o fis i fis.

Adnabod 'ffordd'
a chainc
mewn cyff o bren,
a'i durnio'n araf, araf
yn anrheg falch
i grogi ar y mur
yng nghegin mam.
Tydi oedd saer
ein geiriau,
ein pren
a'n paent.

Dy hiwmor di
oedd geiriau'r 'Co'
wrth iddo figlo i'n nosweithiau llon
ar ambell Sadwrn stond,
a'i 'mag' a'i 'sei'
yn powlio'n gyfoeth o fwynhad
i ffair ein hwyl.
Fe ddaeth y Dre' a'r Cei
Yn nes na'r ugain milltir droellog
Oedd rhyngom 'ni' a 'nhw'.

Mae'r lluniau yma,
Yn melynu'n araf bach
O ddydd i ddydd.
Ac ar furiau'r amgueddfa yn y cof
mae'r diniweidrwydd
a'r rhialtwch gwâr
yn gyffro ddoe.
Rhedaf fys
ar hyd llinellau o wynebau
a wyddent siom
a llwyddiant
yn eu tro.
Mae blas y gusan gyntaf un,
a'r gadael trist,
yma
rhwng plygiadau'r memrwn crwn.
Y rhain,
nyni
a wybu'r gyfaredd yn dy lais,
a glywsom felodïau'r perthyn hwn
yn swatio
gylch y cofio cynnes,
braf.

Ac ar yr wythfed dydd o Ionawr oer
pan oedd y niwl
yn codi'n araf
o ben Y Rhiw,
daeth cusan fach o haul
i dorri'r ias oedd yn y coed.
A daethom ni
ar hyd yr hen linynnau bach o ffyrdd
sy'n cydio Llŷn
yn gymunedau crwn,
i'r capel bach diarffordd,
i sŵn y gân
a'r geiriau,
a'r hers yn crensian hiraeth yn y gro,
a'r cof yn fflam.
Ac aros,
am i ti aros.

Adlais

Ni welais i fy nain erioed,
Dim ond ei llun
Ar fur y parlwr bach
Bob te dydd Sul.
Syllai
O dduwch y ffrâm
A grogai
Rhwng y cwpwrdd crwn
A'r cloc wyth niwrnod,
Ei dwylo mawr ynghlwm,
A'i gwallt yn belen dynn
Uwchben yr hanner gwên.

Ond ddoe,
A heulwen Mai yn hidlo'n llafnau hir
Trwy Goed yr Allt,
Fe safodd Mam
Wrth ddrws y parlwr bach,
A rhywsut
Yn y golau gwyn
Fe welais innau Nain.

Drych

(Ar ôl syllu ar hen ddarlun ysgol)

Pan fyddai'r dydd yn rhemp o haul
Ar lyn y Felin Hen,
Fe welwn yn y drych o ddŵr
Yr ŷd yn felyn wyn ar faes Cae Hir,
A deuai sŵn pladuriau pell
I suo ar yr awel,
A sisial rhwng y brwyn
A'r llifbridd hen.
Ond
Pan dynnai'r Swnt y dydd i'w chôl,
Nid oedd ar len y dŵr
Ond llun Cae Hir a'i faes
Yn llonydd lwyd
A gweddill y cynhaeaf yn lloffion
Ar y dalar fud.

A heno
Pan mae'r darlun hir
Yn troi yn felyn gyda'r hwyr,
Nid oes o fewn ei ffrâm
Ond gweddill bach ein ddoe,
A chlywaf sŵn y bladur
Yn y ffridd agosaf un.

Emyn y Gwyddonydd

Rho i mi weld dy wyrthiau
Mewn moleciwliau mud,
Rho wefr darganfod Duwdod
Yng nghreadigaeth byd.
Rho gân yr anfarwoldeb
Yn alaw yn ein bod,
Pob atom yn y patrwm
Yn gytgan er dy glod.

Rhag i ni ladd gwarineb
A cholli gwerthoedd cain,
Rhag in anghofio'r aberth
A gwae y goron ddrain,
Tro'n gwyddoniaethau heddiw
Yn fodd i gynnal brawd,
Benditha Di bob ymchwil
Er lleddfu cri y tlawd.

Rhag i ni ddifa'r cread
Ar allor bywyd gwell,
Rho i ni weld rhyfeddod
Sy'n cuddio ymhob cell.
Rhag gwae rhyfeloedd gwaedlyd,
Rhag angrhrediniaeth ffôl,
Rho i ni'r weledigaeth
A'n dwg at Grist yn ôl.

Cusan

Nid oes
Yn Adwy Wen
Ond brigau main hen berllan sur
Fel bysedd gwrach
Yn galw'r gaeaf i'w chynefin oed,
A dau hen afal tolciog
Ar y gwellt.

Ond yma
Pan oedd Medi'n felyn ir
A'r dyddiau'n hir gan haul,
Gwridodd ein llencyndod
Fel y ffrwyth yn goch,
A gwynder meddal cnawd
Yn ysu am gynhaeaf braf.

Un gusan hir
A'i blas
Yn aros drwy dymhorau ein blynyddoedd,
Cyn rhoddi bwyell Amser yn ein pren,
A phlicio'r dyddiau
Yn dafellau brau,
A'u gadael
Yn ddim
Ond atgo' melys, melys ar fy min.

Pont

Does yno bellach ond marworyn llwyd
Fel adlais llonydd o gyfaredd serch,
Diflannodd meddwi ar wynfydau nwyd
A thrydan carwriaethol mab a merch.
Ac nid yw cusan ond arferiad oer
Fel ias o farrug wedi hafddydd glas,
Mae cwmwl hen ddiflastod dros y lloer
A chollodd gwin y gwanwyn beth o'i flas.
Ond pan ddaw galwad wan ar oriau hwyr
Canfyddant eilwaith ennyd fach o'r hud,
Ac mewn gorfoledd o ymgolli'n llwyr
Mae dau'n pendilio uwch cynfasau'r crud.
A'r bychan yno mewn eiddilwch brau
Am foment euraidd yn ailgydio'r ddau.

Breuddwydion

Arras
(Gorffennaf 1986)
(Bu 'nhad yma yn ystod rhyfel 1914-1918)

Roedd gwres haul
Yn plicio'r paent
O'r allor ochr ffordd,
A'r blodau melyn
I gyd yn wynebu'r haul
Fel milwyr balch,
A'u dail yn fidogau sglein yn y tes.

Ac fe fuost ti yma...
Yma ar Orffennaf
Yn un ar hugain oed,
Yn hen gan boen,
A niwl budreddi rhyfel
Yn hongian dros yr angau stond.

Ai yma
Lle mae'r pabi porffor yn fygythiol frau
Yr hiraethaist
Am gael eto dynnu cwys ar hyd Cae Mawr,
A blasu dawns y marl o dan yr og
Ar leiniau'r Ffridd?

Ai yma
Lle mae parlyrau gwin
Yn gynnes gan groeso
Y breuddwydiaist
Am y gwlith ar lethrau'r Garn
A sŵn y gwenyn
Yn ei grug.

Fe fuost ti yma
Pan oedd blas marwolaeth ar y gwynt,
A thramp ryfelgar milwyr
Rhwng y cloddiau gwyrdd.
Yma
Y tynnwyd petalau dy flynyddoedd,
Pan welaist gyrff di-gist
Dy genhedlaeth,
Yn mwydo'n aberth
I'r llechweddau coch,
Lle mae'r winwydden heddiw
Yn flagur
Dan yr haul.

Yn Arras
Roedd hen arswyd
Yn gwarchod y munudau,
A hen waed
Yn ceulo dan graith fy hiraeth.
Ac yno,
Yn chwerwder coch y gwin,
Bu farw'r haf.

*

Terry Waite

Roedd dy freuddwyd
Tu hwnt i barwydydd oer dy grefydd,
A ffenestri lliw ein cred.

Dros Sul digymell ein Suliau,
A'n litanïau lleddf,
Fe glywaist eilwaith
Rahel yn wylo,
A gwelaist Herod
Eto'n bodio'r llafn.

Clywaist
Uwch dadwrdd bras ein byw
Forthwylio hoelion dur
I bren rhyw groes,
A ninnau gyda'n geiriau gwâr
Yn troi'r bara prin
Yn gerrig oer.

Gwelaist
Ar y gruddiau blwng
Ddagrau'r canrifoedd,
A rhwng rhigolau brwnt
Y tanciau
A'r olwynion chwil
Fe welaist garnau'r asyn yn y pridd.

Dilynaist seren wen dy freuddwyd,
A chanfod yno
Ddoethion,
A brenhinoedd
Yn penlinio i'r Anifail,
Ond yn y distiau
Uwch yr anrhegion aur,
Ac aroglau'r biswail,
Fe glywaist
Y golomen yn cŵan.

*

Hen Waith Aur Ym Meirion
(Mawrth 1987)

Mae gweddillion y breuddwydion yma
Rhwng Dolfrwynog,
Cwm Hesian,
A Rhoswen,
Ac awel Mawrth
Yn sgubo'r llifbridd
O'r pentyrrau llwyd.

Sgerbwd o wagen
A'r eiddew yn clymu'r olwynion,
Gwanwyn yn caethiwo'r Gaeaf,
A hen ordd
A rhwd dros gleisiau'r graig
Yn llonydd ar y gwellt.

Yn y twnel llaith
Mae'r dŵr yn ddagrau
Ar ruddiau y wenithfaen ffals,
A choron o fieri
Yn chwilio am ben y domen,
I guddio'r graith
A'r gwarth.

Yng ngwich y cadwynau
Mae lleisiau'r gwirion gwâr
Fu wrthi
Yn rhidyllu'r mawn a'r cerrig mân
Rhwng 'Panorama',
Y Clogau Mawr,
A'r Gamlan Hir,
A'u cefnau'n fythol grwm
Wrth gwman gamu'n ôl
I drin y lleiniau gwyrdd
O gylch y Fawddach oer.

Heddiw
Nid oes ond briallen aur
Yn cuddio
Rhwng bidogau'r eithin,
A gwynt gwydn
Yn morthwylio'r tir.

*

Marilyn Monroe

Ti
Oedd y gannwyll yn y gwynt,
Y foment olau
Fu'n goleuo'r munudau
Yn y blynyddoedd brau.

Syllaist yn haerllug
I'm cydwybod Fethodistaidd,
Dy fronnau beiddgar
A'th wefusau gwin
Yn gyrru'r gwrid
Rhwng plorod fy llencyndod.

Ti
Oedd y dwymyn yn fy ngreddf,
Yr ias
A gerddai bob Gwanwyn
Drwy bridd fy myw.

Cuddiais dy noethni
Rhwng cynfasau fy ngobeithion,
A rhwng tudalennau'r dyddiau
Roedd sidan llyfn dy gluniau
Yn gyffro gwyn.

Ni welais i yr hunllef
Oedd dan baent dy fyw,
Na'r dagrau
Fwydaist i'th obennydd oer.
Yn y dyddiau seliwloid
Mygwyd dy dalent
Gan y llygaid blys,
A phrynwyd dy obeithion
Gan bawennau'r chwant,
A'th adael yno
Rhwng storïau bas yr oes
I wylio'r angau'n pontio'r gagendor
Rhwng dy ddireidi
A'n breuddwydion ni.

Ac yn y storm
Diffoddwyd y gannwyll.

*

Y Bont yn Argenteuil
(Darlun gan Monet)
(Y Louvre ym Mharis, Gorffennaf 1986)

Mae'r llun
Yn felyn gan haul,
A'r coed
Yn gnotiog
Lonydd
Fel henaint.

Dŵr
Mor araf â'r Sul
Yn llepian dan y bont ddu,
A'r cychod
Yn drindod ddigyffro.

Awyr oer,
Las,
A'r cymylau gwallt nain
Yn bellenni llonydd ar ei llen.

Ond o orfoledd aur y tŵr
Daw llifeiriant
Llafn y goleuni
Dros fwrllwch gwyrdd y Seine,
Ac o dawelwch dy baent
Daw ias fy mhlentyndod gwyrdd,
Fel gwên mewn angladd,
I chwalu
Cysgodion y bont.

*

Ronan Point
(Bloc o fflatiau yn Llundain;
fe'i dymchwelwyd yn 1986)

Pwyntiodd dy fys Sosialaidd
At nefoedd y breuddwydion.
Lloriau o obeithion
Yn gofgolofn goncrid
I'r dyddiau
Pan oedd Shamrock Street,
Baron Hill,
A'r Kingsley Road
Yn ddim ond hofelau llwytgoch o dai,
Yn dadebru dan gynnydd y ddinas.

Slempiwyd paent lliwgar ar dy goed,
Fel colur
Ar wyneb putain,
A brodiwyd y breuddwydion
Yn barwydydd golau,
Glân,
O haelioni
Uwch tristwch di-raen y stryd.

Roedd haul yn dy ffenestri di,
Pileri gwyn o haul
Yn treiddio i ddiddosrwydd sgwâr
Yr ystafelloedd,
A'th daldra beiddgar
Yn mân gribo'r awyr lwyd.

Ti oedd yr yfory
A fu yn fwrlwm yn ein doe.
Ni,
A dreuliodd y blynyddoedd gwyrdd
Ar balmant a chorneli stryd,
A'r stribed tai'n ymestyn
Yn dragwyddol lwyd.

Codaist
Uwch aroglau'r tafarnau,
Ac fel Duw
Yn wyn, uwch duwch y ffatrïoedd caeth.

Ti
Oedd dechrau ein rhyddid,
Cyn i ni wthio bloneg hyll ein llwyddiant
Dros yr erwau glas,
A'th adael yma
Yn hunllef yn y gwynt.

Heno,
Nid oes ond llofnod ein fandaliaeth
Ar gerrig oer dy fur,
A llygredd dall dy ffenestri
Yn frawychus ddu,
Uwch hisian yr olwynion.
Gadawn di yma,
Fel gweddw
Yn aros angladd.

*

Mynwent Filwrol Arromanches

Troesom
O ddiddosrwydd pŵl y bws,
I'r dalar werdd,
Lle bu'r Anifail ddoe
Yn tynnu cwysi'r beddau dan y coed.

Yn y taclusrwydd llonydd
Roedd y rhosynnau coch
Fel fflamau gylch ein traed,
A brethyn coeth ein gwisg
Wrth inni blygu uwch yr enwau,
Yn codi'r gwlith
O lesni'r lawnt,
Fel sychu dagrau ar wyneb llyfn.

Bu'r camerâu
Yn clecian rhwng y cerrig gwyn,
Ond ar stribedi'r dyddiau yn y cof,
Roedd llun y geiriau,
Ac roedd sŵn y traed.

Ninnau
Fel brain yn dilyn cwys,
Yn crawcian am hen ddyddiau,
A gloddesta
Ar yr aberth gwyrdd,
Cyn dychwelyd
I nythod ein cynefin,
Lle mae'r brigau'n breuo,
A'r gwreiddiau
Yn gwynnu yn y gwynt.

Mynd
A gadael y breuddwydion yno
Ar obennydd y cerrig.

Tywydd

Maen nhw'n addo glaw ac eira
Yn Sir Fôn a lawr y De 'na;
Dim ond haul fydd yma 'leni
Tra bydd Gwen yn gariad imi.

Tra bydd niwl ar ben Garn Fadryn
Fydd hi fawr o dywydd wedyn.
Pan ddaw'r crëyr i fyny'r afon
Fe ddaw haul i gochi'r mafon.

Arwydd da yw coch y machlud,
Cynnes fydd yr haul pan gyfyd,
Ond fe bery'n storm am ddyddiau
Pan fo'r cochni ar dy ruddiau.

Gwynt y Saeson maen nhw'n galw
Gwynt a ddaw o Ben y Bedw,
Ond mae ias tu hwnt i eiria'
Yn acenion dyn drws nesa'.

Er bod glaw o'r to'n diferu
Fe ddaw tywydd gwell yfory,
Ond ni dderfydd llif fy nagra'
Nes daw hi a'r bychan adra.

Ar y silff mae llestr pygddu,
Fu am oes yn rhan o'r teulu:
Pan fydd haul yn taro arno
Gwelaf graciau lawer ynddo.

Eira'r llynedd ar yr Wyddfa
'N mynnu aros rhwng y creigia':
Felly mae fy heniaith inna' –
Er pob gelyn, mae hi yma.

Pan fydd Môn i'w gweld yn agos
Fe ddaw glaw cyn gwelwn hirnos;
Er agosed yw hi heno
Pell yw'r un a drigai yno.

Llwyd yw'r môr pan fo hi'n genlli,
Llwyd yw creigiau Ynys Enlli,
Llwyd yw'r coed ar ganol gaea',
Lleucu Llwyd yw nghariad inna'.

Mae hen sŵn yng nghorn y simdda,
Cyn bo hir fe ddaw yn eira,
Ond er gweddi, er fy mhledio,
Dim ond un a all fy mendio.

Gwrthod
(O gofio fy atal dweud)

Mae geiriau yn gyfeillion,
Yn llon neu weithiau'n lleddf,
Caf ias yn eu cyfeillach,
A'u cariad yn fy ngreddf.

Ond peidiwch gofyn imi
Eu rhannu gyda chwi,
Dim ond ar ambell foment
Mae hynny'n hawdd i mi.

Ond weithiau maent yn elyn,
Ac felly fu o'r crud,
Yn gwrthod ildio mymryn
O'u diawledigrwydd mud.

Cofio
(Wedi i'r ysgol leol gau)

Mae lliwiau tinsel dau Nadolig
Yn pylu'n araf
Yn haul y ffenestri,
A haen ruddgoch o rwd
Wedi cydio'n dynn
A rhoi taw
Ar wich oer y fynedfa.
Ar wyneb llwyd yr iard
Mae patrymau'r gemau'n
Mynnu aros,
Eu rhifau'n cyfri'r dyddiau
Ers i sŵn y dagrau
A'r chwerthin
Ildio i'r mudandod swrth.

Dwy siglen,
A dim ond gwynt oer
Yn symud eu cadwynau,
A'r paent yn plicio fel croen henaint.
Diflannodd direidi,
Ac am chwarter i naw
Yn y bore bach
Mae'n anodd dygymod
Â thawelwch byddarol
Gweddill y dydd.

Y Fam Teresa

Yn nhawelwch ei lleiandy,
Chwaer i chwaer oedd hon bryd hynny;
Ar ddidostur stryd Calcutta,
Chwaer i bawb yw'r Fam Teresa.

Carol y Fflam

Mae 'na gannwyll yn olau ym Methlem dref
A'i llewyrch yn wyn ar ei wyneb Ef,
Ac yno mae'n Brenin ar wely o wair
Yn gorwedd yn faban yng ngofal Mair.

Cytgan:
Ond fe bery'r fflam trwy'r canrifoedd maith
Yn olau gwyn i oleuo'r daith,
Pan ddiffydd canhwyllau crefyddau'r byd
Bydd golau'r fflam yn parhau o hyd.

Do, fe glywodd Herod am oleuni'r fflam,
A throi min y cledd at y plant di-nam,
A daeth cysgod o'r groes a choron o ddrain
Yn gochliw o waed dan y bicell fain.

Cytgan: Ond fe bery'r fflam ...

At oleuni'r fflam fe ddaeth y tri gŵr doeth
O bellafoedd byd a'u hanrhegion coeth,
Ac fe deithiwn ninnau at y preseb tlawd
I weled y Brenin sydd inni'n frawd.

Cytgan: Ond fe bery'r fflam ...

Fe ganodd angylion am y golau hwn
Ac aeth nodau'r gân dros y byd yn grwn,
Ac yng ngolau'r fflam fe ddyrchafwn gri
Mai y gannwyll hon yw ein sicrwydd ni.

Cytgan: Ond fe bery'r fflam ...

Heol

Dim ond pum gwaith
Mae golau Enlli'n
Treiddio'r gwyll
I ddangos heol draws y Swnt.
Ac yna
Daw egwyl ofnus
Pan nad oes dim
Ond llafn y rhwyf
Yn rhwygo'r don,
A'r traeth ymhell.

Yna
Daw'r golau eto
Fel gobaith newydd.
Fel Gair Duw,
Fel gŵr da,
Ar awr wan yr arweinia'.

Cwpan

Rhyw ffansi'r foment yn nadwrdd y ffair
A wnaeth i mi'th brynu am swllt a thair;
Roedd blodau'r haf ar dy lyfnder gwyn
Wrth lapio 'nwylo amdanat yn dynn,
Cyn d'adael yma gyda phethau ddoe
Yng nghornel y silff, ac ymhell o'r sioe.

Ond heno byseddais dy degan brau,
A daeth ias un gwanwyn a rannodd dau,
Pan oedd cwpan bywyd yn orlawn ffri,
Yng nghyffro diofal ein cariad ni,
Un cip ar wanwyn cyn cysgodion hwyr,
Cyn ildio'r cyfan i'r anghofrwydd llwyr.

Chwilota

Mi feiddiais unwaith olrhain hynt fy nhras,
Rhwng hen femrynnau a chofrestrau'r fro,
A chodi llwch o dudalennau bras
Wrth ganfod ambell bechod aeth dros go'.
Mae yno remp fy llinach i a'm stoc,
Eu deunydd tlawd a chost eu patrwm byw.
Helyntion rhai fu'n bod o gnoc i gnoc
A'u credo yn rhywle rhwng diawl a Duw.
Ond nid wyf innau ond rhyw haen o'r rhain,
Yr un yw'r gwead, a'r un defnydd brau,
Yn caru'r sarff ac yna'r gwych a'r cain
A'r un hen alaw gymysg yn parhau.
Cymysgfa fy nghyndeidiau yw fy ach,
Pob rymus awr, a phechod mawr a bach.

Ceirios

Roedd hi'n dymor ceirios,
Eu cnawd meddal yn felys frau,
ac adlais o haul
yn y cochliw cynnes
ar lyfnder
a sglein eu croen.

Roedd hi'n dymor cariad.
Traeth,
a dau ar rimyn o dywod
yn benthyg orig felys,
a'r gwrid yn gynnes
ar dy ruddiau.
Glesni dihafal dy lygaid
yn ddawns
ar brynhawn cynnes o haf.

Minnau, yn ddidymor o ifanc,
yn plycio'r blynyddoedd yn araf,
yn blasu'r ceirios,
ac yn sugno cariad
o'th wefusau di.

Gwythiennau

Llwybrau Llŷn

Llinynnai'r rhain trwy lesni Penrhyn Llŷn
I glymu perthyn y gymdeithas wâr,
A chydio wrth ei gilydd un ac un
Aceri'r ymdrech yn fy milltir sgwâr.
Nadreddent rhwng y ffriddoedd bach a'r llain,
Dolennau cul yn cylchu godre'r Garn,
Y cloddiau'n daclus dynn fel gwallt fy nain,
A'u blodau'n ganlliw rhwng y Foel a'r Sarn.
Dilynent ambell afon yn eu tro,
A mynnu loetran yn yr heddwch trwch,
Heb ddim i dorri ar dawelwch bro
Ond cri y crëyr, a rhathiad ambell swch.
Fel mân wythiennau'n clymu'r bywyd crwn
Wrth guriad calon y cynefin hwn.

*

Balaclava Road

Enw od
Ar ffordd fach gul a gwledig
Yw Balaclava,
Enw mor ddieithr â gwên mewn mynwent.
Ond mae'r enw yno
Yn breuo'n araf dan yr iorwg gwyrdd,
A rhwd
Fel hen waed
Wedi ceulo ar ei ymylon.

Ond
O edrych rhwng y coed
A thros gerrig llwyd y waliau,
Fe weli'r plas.
Yno
Ar y muriau gwyn
Mae lluniau llinach falch yr etifeddiaeth
Mewn olew sglein,
Ac yn eu mysg mae un
'Adawodd ei gynefin gwyn,
A chario'i gledd
I frwydr bell Crimea.
Bellach
Nid oes ond crensian gro
O dan olwynion gwyllt yr haf,
Ac nid yr un yw'r frwydr hir ar Balaclava Road

*

Y Llwybr i Gapel Newydd

Stribed o lwybr
Mor gul â'r Sul
Sy'n arwain at y fan,
A rhwng dwy rigol ddofn
Mae'r manwellt brau
Yn mynnu aros
Fel geiriau hen emyn
Yng nghonglau'r cof.
Tu ôl i frodwaith llwyd
Y cwareli 'plwm'
Mae'r seddau'n pydru'n araf,
Ac ar y mur
Uwchben y pwlpud cam
Mae'r elor pren
Yn aros yn fygythiol frau.

Yma
Bu gwerin a hen fonedd
Yn cydaddoli'n grwm,
A hithau,
Yr Arglwyddes brudd
Yn plygu pen,
Cyn ildio'n gynnar
I reolau'r Drefn.

*

Y Llwybr at y Chwarel

Distawodd tinc yr hoelion
Ar fetlin cul y ffordd,
Daeth mwsog i'r wenithfaen
A rhwd i guddio gordd.
Segurdod lle bu bwrlwm,
Tawelwch lle bu gwaith,
A cheulodd gwaed cymuned
Dan gramen sych y graith.

Ddaw neb i'th gerdded bellach,
Mae'r adwy drom dan glo,
A'r adar eto'n nythu
Rhwng cesail craig a gro.
Dwy raff yn dal i grogi
Sy'n adlais dyddiau gynt
A neb yn ateb galwad
Hen hwter oer y gwynt.

Ond pan fo gwynt y dwyrain
Yn gremial rhwng y coed,
Mae dyrnu y morthwylion
Yn dal i gadw'r oed.

Daw lleisiau ar yr awel,
Daw crafiad caib a chŷn,
Yn ias trwy goed Nanhoron
Yn guriad calon Llŷn.

*

Y Llwybr at y Ffatri

Mae'r ffatri wedi cau
A'r graffiti'n stori fer hir
Ar dudalen goch o frics.
Hen ddŵr
Mewn hen gawgiau
Yn suro,
A'r traed yn glynu yn y llifbridd coch.
Mentro
Agor un o'r drysau
A'r wich fel poen
Ar ganol nos.
Nid hiraeth
Sydd yn y tawelwch trist,
Dim ond yr ofn
O weld un arall
Yn gadael ei gynefin
I'r ffatri
Dros y ffin.

*

Y Llwybr i China

Rhwng y grug a'r eithin
A hymian swrth y gwenyn,
Mae'r llwybr bach
Yn arwain i gopa'r Foel.

Roedd hwn ar fap fy myd
Yn ddeuddeg oed.
Yma
O'r copa mwsoglyd
Ymledai'r byd o'm blaen,
Y gwledydd
Nad oeddynt ond geiriau,
A'r mannau diberthyn
Yn ddim ond enwau
Yn llyfr Daearyddiaeth Fform 3.
China a'r Aifft,
India a New York
Mor agos â'r yfory,
A Cornwall
Mor fach â chledr llaw.
Bythynnod llwyd
A'u mwg yn codi'n araf, araf
I herio'r dydd,
A'u henwau'n ddim
Ond broliant
Am deithiau'r sgweiar balch.
Cymraeg oedd iaith pob aelwyd bell
Ac agos.
Ond heno
Mae'r geiriau'n dalch
Ar gopa'r Foel,
A China'n llawer nes na ddoe.

*

Y Llwybr at Ffynnon Sarff

Diferion
O ddau biser bregus
Pan oedd hafau'n grimp ar y grug,
A roddodd baent ar dy lwydni di.

Dŵr mor oer â dwylo
Yn ias rhwng fy mysedd gwyn,
A'r awel o'r Foel
Yn gynnes ar fy ngrudd.
Yma
Ar ambell Sul
Rhwng dwy oedfa bechadurus o hir,
Bu dau yn cadw'r oed.
Y dŵr yn win ar wefusau,
A'r gusan yn wefr yn y gwaed,
Cyn i'r gorwel ein galw.
Heno
Mae brigau main y coed
Fel bysedd gwrach
Yn galw'r gaeaf i gadw'r oed,
A'r mieri'n gwasgu'r gwyrdd o'r pridd
A chulhau
Dy gylchdro di.

*

Y Llwybr i'r 'Steddfod

Dim ond coed a geiriau
Oedd ar y daith i'r Steddfod
Yn y Neuadd
A 'adeiladwyd gan dlodi'.
Coed
Yn plygu fel saint
I wynt annisgwyl
Bore bach o Ebrill,
A llinell ddu o frain
Yn rhegi'r dydd.

Gwlith fel gemau
Am wddf main y brwyn,
A'r crëyr
Ar daith i agor fflodiart y glaw
Yn eitha'r Cwm.
Roedd y geiriau yno
Ar gledr ifanc y cof.
Eu pwyslais yn pwyso'n drwm,
A rhythmau y llinellau'n ddawns
O gylch fy ngobaith brau.
Wynebau fy nghynefin
Yn syllu'n flynyddol gefnogol,
A'r siom o golli
Yn ddeuswllt cynnes yn fy llaw.
Yfory
Byddai'n Basg.

*

Y Ffordd i'r Dref

Gwefr
Ar bnawn o Sadwrn swrth
Yw'r saith milltir droellog
Sy'n ymestyn i ddwndwr y Dref.
Taith araf
Sy'n cymowtan trwy ddau bentref
Tawel,
A thynnu sgwrs
Mor hawdd ag anadlu.
Y teithwyr wythnosol
A'u geiriau mor gyfarwydd
Â'u gwisg.
Acenion Llŷn yn morthwylio'r cyfarchion,
Ac aroglau pridd a ffags
Ar y dwylo mawr.

Ym Mhenyberth
Daw dyrnaid o Bwyliaid gordaclus, gorgwrtais,
I rannu'r seddau prin,
A dwy iaith
Yn ddeuawd stacato
Am weddill y daith.
Hon yw taith y cyrraedd
A'r gadael.
Yma,
Lle mae'r distiau'n hen gan fwg,
Mae'r gusan olaf un
Yn ildio i'r chwiban hir,
Ac yfory'n ofn i gyd.

*

Y Ffordd o'r Dref am Adref

Mae'r elyrch yn pendilio
Yn nŵr llwyd yr harbwr,
A sglent y lloer
Yn galw'r nos.
Dau gariad yn cofleidio
Dan sêr llonydd y ffair.
Yn araf
Diffodda'r goleuadau neon
Ym mharlwr breuddwydion
Y Palladium,
Ac ar daith drwsgl
O ddrysau brown y Crown,
Daw saint y bore Sul
Yn 'hapus dyrfa'.

*

Erbyn Hyn

Mae'r hen wythiennau'n ceulo,
Daeth gwyn i gochni'r gwaed,
Mieri ar hen lwybrau,
A llesgedd i hen draed.
Tawelodd hwiangerddi
Yn Nhalcymerau oer,
A ias yr anghyfarwydd
Sy'n gysgod ar y lloer.

Mae machlud coch dros Enlli,
Fel gwaed o dan y graith.
Tawelwch lle bu dadwrdd,
A bratiaith lle bu iaith.

Tanchwa

Mae llun y bore hwnnw
Yn oriel oer y co',
Ac eco'r hwter creulon
O'r dydd y collais o.

Mae cochni rhwd diweithdra
Yn baent hyd lawr y cwm,
A hudodd lifrai milwr
Fy mab at lais y drwm.

A ddoe a gaeaf arall
Yn oer dan ddrws y bac,
Fe gollwyd milwr ifanc
Yn rhywle yn Irac.

Y Parc Bach

Dim ond hances boced o lesni,
Dwy sedd yn dechrau pydru,
A chlwstwr o adar to
Yn pigo
Fel cydwybod
Ar gramen o bridd.
Gwyddfid
Yn cydio'n obeithiol,
A'r dail
Fel hen ddillad ar begiau o frigau,
A'r glaw wedi hanner eu golchi.

Ond am saith,
Pan fydd esgus o haul gwantan
Yn felynwan uwch y mwrllwch,
Daw rhywun i sgubo'r llwybrau,
I gasglu'r caniau gwag
A'r nodwyddau brwnt,
Ac am ychydig eto
Fe fydd y parc
Yn groeso i gyd.

Tân

Mae tân y machlud heno,
Yn gochliw dros y Swnt,
A llepian tonnau rhythmig
Yn mwytho'r creigiau brwnt.
Mae'r brain yng nghoed Nanhoron,
Yn siglo'r dydd i'w hynt,
A thrwst eu hwiangerddi
Yn glebran ar y gwynt.

Ar aelwyd fy nghynefin
Does ond marwydos llwyd,
Tawelwch lle bu dadwrdd,
Llonyddwch lle bu nwyd.
Diffoddwyd fflam hen eiriau,
Diflannodd tinc fy iaith,
A choch yw machlud Enlli,
Fel gwaed o dan y graith.

Amser

Er iti ddifa fy mhlentyndod brau
A rheibio oriau fy ieuenctid ffôl,
Eu rhoi yn seler atgof cyn ei chau
Heb adael dim o'r cyffro ar eu hôl;
Roedd ias dy ddistryw yn fy nghanol oed
A'th her yn loetran yn nhipiadau'r cloc,
Erydaist fy mlynyddoedd fel erioed
A'u gadael wedi'r llanw fel hen froc.
Ond eto, fel daw henaint, heriaf di
I 'sbeilio'n llwyr drysorau gwâr y gist,
Mae ar fy ngwefus flas ei chusan hi
A thinc ei chwerthin sydd rhwng dist a dist.
Mae awel gwanwyn gylch hen frigau crin
A mynnaf eto ddrachtio peth o'r gwin.

Gwiwer Goch

Hon oedd dy winllan
Ac fe gedwaist di
Gynnyrch y glesni
Yn ei derwen hi.

Heno mae'n aeaf
Ar berth ac ar glwyd,
A'th winllan yn llawn
O'r gwiwerod llwyd.

Cysgod

Ydi, mae'r palmant 'ma'n aur i gyd,
Ac anrhegion doethion o bedwar ban byd,
Ac mae seren neon dy Nadolig gwâr
Yn crogi ar bren yng nghanol y sgwâr.

Do, fe oedais am eiliad i wrando'r clych
Yn cnulio'n grefyddol o'r tyrau gwych,
Cyn troi y ffordd arall i ardal y docs,
A nos Nadolig dan garbord fy mocs.

Gofal

"Ac mi ddoist ti eleni eto
Hefo d'anhreg at ddrws y bac;
Pa ots fod y papur yn fudr
A'r llinyn ychydig yn llac.

"Ac mi ddoi di y flwyddyn nesa'
Ar ddiwrnod fy mhen-blwydd, yn doi?"
Ac fe ddaeth a'r llinyn yn dipia
Ac aros am funud i gloi.

Y Wawr

Mae ceiniog newydd o haul
Yn siafft hirwyn ar y gorwel,
Ac yn mynnu treiddio
A gyrru fel gwirionedd
I galon gweddillion y nos.
Sglein barrug
Yn goferu ar betalau brau,
Fel dagrau ar ruddiau meddal,
A'r dail yn bidogau gwyrdd
O'r hen bridd.
Gobaith
Yn bennod heriol
Ar ddalen gynta'r dydd,
A'r stori'n gyffro i gyd.

Ond
Ym mrawddegau'r munudau
A pharagraffau'r oriau,
Rwy'n darllen rhwng llinellau
Sicrwydd y nos.

Broc

Fe glywn y tonnau neithiwr
Yn llepian ar y traeth,
A'r broc yn bentwr swbach
Lle ddoe bu'r ewyn llaeth.

Gwylanod yn pendilio
Uwch tonnau gwyrdd yr aig,
Eu nyth yn ddadwrdd bodlon
Yng nghysgod clyd y graig.

A minnau wrthyf 'hunan
Ar draethell oer y lli,
A phentwr o atgofion
'Rôl storm dy golli di.

Cri

Ein Tad
Yr hwn wyt,
Na, nid yn y nefoedd,
Ond yma.
Yma
Lle mae ein gofid ni
Yn ymestyn
O fryntni iaith ein stryd
I'r mannau
Nad ydynt ond enwau
Ar sgrin ein cynefindra,
Darfur, Chad, Irac...

Cadw ni
Rhag gweddïo ar allorau balch
Na doethinebu
Yn ein temlau hardd
Am Faban gwyn,
Heb weld y clytiau brwnt
Yn lapio am eiddilwch brau
Mewn crud o gardbord,
A'r 'doethion' gyda'u geiriau ffals
Yn rhoddi eu hanrhegion sglein
O aur,
A thusw o ynnau
A myrddiwn o fomiau drud
Yn llety yr Anifail.

Gad i ni eilwaith
Weld yr Atgyfodiad,
Nid mewn gardd
Ond yn niffeithwch noeth
Y Dwyrain,
A chlywed cân angylion
Ar feysydd coch y gad.

A deled dy Deyrnas Di
Yma
I eilio gair
Y rhai sy'n mynnu
Bod y Bedd yn wag.

Yr Hen Gapel

Mae dwy oedfa
Ym 'Methany' bellach,
Ac ar brynhawn o Sul braf
Mae'r gynulleidfa yno'n gynnar,
Gynnes,
A'r geiriau'n gyfarwydd i gyd.
Daw cennad y gobaith gwyn
I'w bwlpud crwn,
A nodau'r gân
Yn addo'r bywyd gwell
I'r dilynwyr caeth.
Mae'r wefr yn fflam,
Y pennau'n grwm
Uwch rhifau'r addewid,
A'r weddi'n ddistaw bach.

'On the line, number nine.'

'Two fat ladies, eighty-eight.'

'Clickety click, sixty six.'

Cyn clywed
Bod yr oedfa nesa
Heno am saith.

Penllanw

Ddaw neb i Eglwys Tanwg
Ar Suliau erbyn hyn,
Mae brwynwellt gylch ei muriau,
A'r ddôr dan dywod gwyn,
Adleisia'r môr ei henaint caeth,
Wrth lepian ar yr un hen draeth.

A phan ddaw Awst i grimpio
Cwm Nantcol, yn ei dro,
Bydd rhuthr yr olwynion
Yn ddadwrdd dros y fro,
Ond swrth fydd Sul Llandanwg lwyd,
A rhwd yn fadredd ar ei chlwyd.

Ond ddoe, a Mawrth yn ubain
Ei rym dros donnau llaeth,
Ac ymchwydd ei benllanw
Yn danchwa ar y traeth,
Fe glywais eto ar y gwynt
Ryw litani o'r dyddiau gynt.

Gweddill

Gwylanod yn hongian dros y tonnau brwnt
A'r graean yn crensian ar wely y Swnt.

Ynys Gwylanod dan y berw yn wyn
A chychod yn gwegian wrth eu rhaffau tynn.

Y dŵr a fu'n llepian ar gryman o draeth
Yn danchwa fyddarol dan yr ewyn llaeth.

Y gwynt yn hwteru rhwng y graig a'r hafn
A'i foryn yn rowlio i grombil y Cafn.

Mae Eglwys Sant Hywyn gyda'i chynnil gnul
Yn galw'r cynefin o syrthni y Sul.

A draw dros y bont fe ddaw rhyw ddau neu dri
Fel adlais o'r llanw fu'n ei llenwi hi.

Cymod

(Wrth gofio'r cadoediad rhwng milwyr yr Almaen
a Phrydain ar un Nadolig)

Mi glywa'i dy garol di, Jerry,
Dwi'n gwybod y geiriau bob un,
A dwi'n cofio'u canu nhw ganwaith
Yn y capel bach ym Mhen Llŷn.

Mi glywa'i dy garol di, Tommy,
Mae'r alaw'n gyfarwydd i mi,
Dwi'n aelod o gôr y Gadeirlan,
Mi ganaf hi'n awr hefo ti.

Ac ydi, mae'r nos yma'n dawel,
Am funud neu ddau rwyt ti'n frawd,
Ond yna ar alwad rhyw Herod
Rhaid hyrddio y bidog i'th gnawd.

Ewyn

Mae'r ffriddoedd bach
Sy'n batrwm gwyddbwyll
Rhwng y Garn a'r traeth,
Yn ildio'n araf
I'r erydu brwnt,
A'r ewyn gwyn yn brathu'n slei
I'r dalar werdd
Ym Mhorthdinllaen,
A phrin fod neb yn sylwi
Ond yr un
Sydd biau'r maes.

A ddoe
Ym Mhorthdinllaen,
Ac Awst yn swrth a glas,
Fe glywais ddau
A'u tras yng ngodre'r Garn,
Yn bregliach eu Seisnigrwydd balch
Yn wên i gyd,
A sylwodd neb
Ond fi.

Dwylo

Fe bylodd sglein y fodrwy,
A chyffro mab a merch,
Arferiad oer oedd cusan,
A mud oedd geiriau serch.
A dau fu gynt yn ddiwahân
Yn ddim ond alaw, lle bu cân.

Ond ddoe a gwanwyn arall
Yn glasu brigau'r coed,
Roedd gobaith yn y cydio,
A thri yn cadw'r oed.
Eiddilwch brau eu plentyn gwyn
Yn cydio dwylo'r ddau yn dynn.

Ruban

Ddoe
Yn Anghnacloy
Ar lifrai milwr balch,
Fe welais ruban cochliw,
A gwelais bentref talch
Gweddillion gwerin, dan ei chlwy'
A'r ffin yn troi un wlad yn ddwy.

Heno
Nid oes yno
Ond geneth ifanc, gu,
Yn lifrai llwyd ei hiraeth
Yn gwisgo ruban du.
Mae'r ffin yn fythol ar ddi-hun,
A lle bu dau, mae yno un.